설은향(캘리향) 지음

글씨가 마음에 안 드는 당신에게
PROLOGUE

캘리그래퍼로 활동하다 보면 글씨를 예쁘게 쓰고 싶은데 어떻게 해야 하냐는 질문을 자주 받습니다. 그때마다 답변은 늘 같습니다.

"칸이 큰 깍두기 노트에 또박또박 정자체 쓰는 연습부터 시작하세요."

그러면 깜짝 놀라 되묻는 분도 있습니다.

"네? 그건 초등학생이나 하는 거잖아요? 단번에 바꿀 수는 없나요?"

안타깝지만 마법처럼 단번에 바꿀 수 있는 방법은 없습니다. 글씨는 몸의 자세와 손의 습관이 십수 년간 쌓여 만들어진 패턴이기 때문입니다. 그리고 이미 굳어버린 틀에서 벗어나는 방법 중 최고는 기본으로 돌아가는 것입니다.

단언컨대 세상에 악필, 그러니까 나쁜[惡] 글씨는 없습니다. 고쳐지지 않는 글씨도 없지요. 급하게 쓰려다 보니 글씨가 뭉치고 엉킬 뿐, 누구나 천천히 쓰면 반듯한 글씨를 쓸 수 있습니다. 다시 초등학교에 입학한 학생이 되었다 생각해 보세요. 오늘부터는 '글씨 쓰기 1학년' 학생이라 여기고 책의 빈 칸을 또박또박 성실하게 채우는 겁니다. 은근히 성취감도 들고 뿌듯할 겁니다.

이 책은 바른 자세로 천천히 정자를 쓰는 연습부터 시작해, 빠르게 써도 뭉치거나 엉키지 않게 쓰는 연습을 거칩니다. 최종적으로는 자신의 글씨체를 살린 채 바르고 아름다운 글씨를 쓰는 것이 이 책의 목적이랍니다. 글씨체를 하루 만에 바꿀 수는 없지만, 차근차근 따라 쓰다 보면 어느새 반듯하게 쓰인 글씨를 확인할 수 있을 거예요. 누가 봐도 '못 쓴' 글씨부터 나만 아는 내 글씨의 '조금 못난' 부분까지 바르고 정갈하게 가다듬는 시간을 가져 봅시다.

글씨만 보고도 사람의 성격을 판단할 수 있다는 속설이 있습니다. 경험상 이런 이야기는 그저 속설일 뿐이지만, 편견 어린 시선 때문에 상처받는 사람도 있습니다. 누군가 나를 글씨로 판단하기 전에, 자신의 개성과 바른 마음을 탄탄한 글씨로 드러내 보세요.

당신의 새로운 출발을 응원합니다.

설은향

Contents

4   **Prologue**
글씨가 마음에 안 드는 당신에게

chapter 1
글씨를 잘 쓰기 위한 준비

10   아름다운 글씨의 기본은 균형
12   필기구를 바르게 잡는 방법
14   손 풀기 준비운동

chapter 2
글씨의 기본 _정자체 쓰기

18   정자체를 쓰기 위한 준비
20   기초 획
22   기초 자음
23   기초 모음
24   기초 숫자
26   단어 연습
31   겹받침 연습
32   문장 연습
48   문단 연습
72   생활 문구 연습

빠르게 쓰는 글씨
_흘림체 쓰기

chapter 3

- 82 스피드가 중요한 이유
- 83 빠르게 쓰기 위한 준비
- 84 빠르게 쓰기 기초 획
- 86 기초 획
- 88 기초 자음
- 90 기초 숫자
- 91 문장 연습
- 113 문단 연습

감성을 담은 글씨
_캘리그라피 연습

chapter 4

- 128 손글씨에 나만의 감성을 입히다
- 129 캘리그라피를 위한 다양한 필기구
- 130 귀여운 글씨
- 132 시크한 글씨
- 135 서정적인 글씨
- 138 소박한 글씨

캘리향의
스피드업
글씨 교정

글씨를
잘 쓰기 위한
준비

- 아름다운 글씨의 기본은 균형
- 필기구를 바르게 잡는 방법
- 손 풀기 준비운동

Step 1
아름다운 글씨의 기본은 균형

못 쓴 글씨란 어떤 글씨일까요? 알아보기 어려운 악필을 생각하기 쉽지만, 사실 평범해 보이는 글씨도 찬찬히 살펴보면 조금씩 어색하고 어긋난 부분들이 있답니다. 글씨가 예쁘지 않은 이유는 여러 가지지만, 단 한 문장으로 정리해 보자면 결국 '균형이 맞지 않아서'로 축약되지요.

아래의 예시를 보세요. '악필'이라는 딱지가 붙은 왼쪽 상단 사진은 누가 봐도 악필이라 부를 만한 글씨입니다. 필압도 일정하지 않고 자간, 행간도 제멋대로입니다. 숫자 5와 '시' 자가 너무 붙어서 단번에 읽기 어렵고, 마지막 '팅' 자도 '텅'처럼 보이는 등, 한눈에 봐도 균형적이지 못합니다.

하지만 그 옆과 아래의 사진은 악필이라고 부르기는 애매하지요. 하나는 동글동글 귀여운 글씨이고 다른 하나는 길쭉하고 어른스러운 글씨입니다. 그러나 이 글씨 모두 잘 썼다고 보기는 어려워요. 문맥을 확인하지 않고는 글자 하나하나를 확실히 인지하기 어렵기 때문입니다.

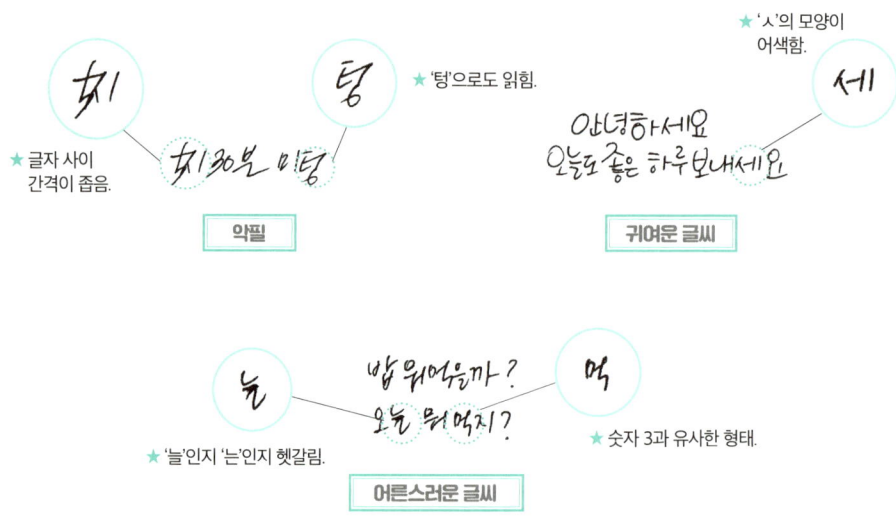

귀여운 글씨체의 '보내세요' 중 '세'만 떼어 놓고 봅시다. 문장과 함께 읽을 땐 문맥을 통해 자연스럽게 읽히지만 한 글자만 떼어 내면 'ㅅ'자를 식별하기 어렵습니다. 귀여운 글씨체는 가분수처럼 첫 자음이 크다 보니 앞뒤 글자와 어떻게 조합해서 읽어야 하는지 혼동되는 것이 많습니다.

어른스러운 글자는 전체적으로 흘려 쓴 느낌이 특징입니다. '오늘'이라는 글씨의 '늘'은 마치 '는'처럼 보이고, '뭐 먹지?'의 '먹'은 숫자 3처럼 보이기도 하지요. 한 글자만 떼어 내어 보여 준다면 누구든 헷갈릴 겁니다. 흘림체 글자는 까딱 잘못하면 바로 지렁이 글씨로 둔갑합니다.

바른 글씨란 언제 어디서 누가 보더라도 무슨 글자인지 확연하게 알아볼 수 있는 글씨를 뜻합니다.

필기체에 배어 있는 버릇 때문에 어딘가 모르게 글씨에 자신이 없다면 조금씩 바로잡는 연습을 해 보세요. 균형미를 지키는 원리는 간단합니다. 가로획, 세로획, 글자 사이 간격, 줄 사이 간격, 이 네 가지 요소만 조화를 이루면 어떤 글씨든 아름다워집니다. 나만의 개성은 그대로 살린 똑바른 글씨 쓰기, 지금부터 차근차근 시작해 봅시다.

Step 2

필기구를 바르게 잡는 방법

글씨를 잘 쓰려면 일단 자세부터 바로잡아야 합니다. 지금 책상 앞에 종이를 펼치고 앉아서 연필을 쥐어 보세요. 혹시 종이가 비뚤어졌거나 손의 모양이 이상하지는 않나요? 둘 중 하나라도 틀어지면 글씨도 비뚤어지기 마련입니다. 처음에는 바른 자세와 함께 필기구 쥐는 방법을 몸에 익히는 습관부터 들입시다. 몸의 습관을 단시간에 바꿀 수는 없지만, 이 책을 펼치고 연습하는 동안만이라도 바른 자세에 주의를 기울여 보세요.

필기구 쥐는 법

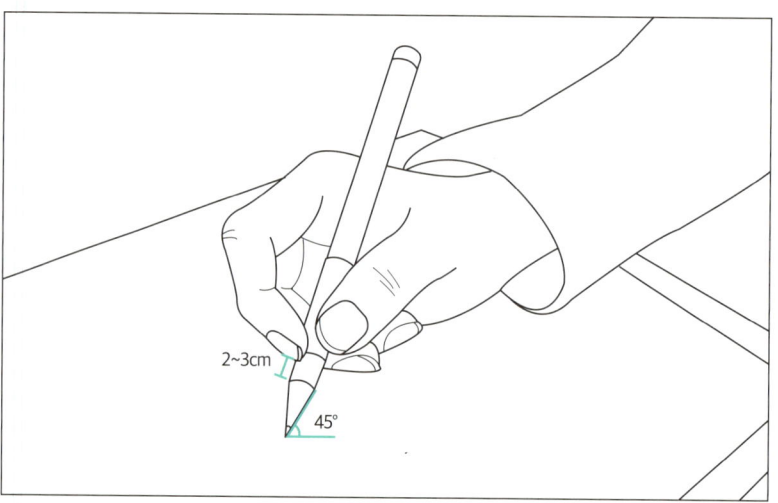

❶ 엄지와 검지가 맞닿도록 연필을 잡습니다.

이때 연필 심 쪽 끝에서 2~3㎝ 남기고 잡아야 적당한 필압이 나옵니다. 너무 가깝게 잡으면 강한 힘이 들어가 글씨가 두꺼워지고, 너무 멀리 잡으면 필압이 적게 들어가 날아가는 듯한 흘림체 글씨가 나옵니다.

❷ 중지로 연필을 받친 다음 약지와 새끼손가락을 자연스럽게 굽혀 중지에 붙이고 지지합니다.

❸ 연필의 각도는 지면과 45도 정도를 유지하는 게 좋습니다.

∨ 이 책에서 추천하는 필기구

사람마다 필압이나 선호하는 번짐의 정도에 따라 각자 잘 맞는 필기구가 따로 있습니다. 여러 도구를 번갈아 사용하면서 어떤 필기구가 적합한지 찾는 것도 글씨 연습의 재미이지요. 하지만 글씨 교정을 위한 이 책의 기본 필기구는 연필입니다.

언제나 한결같은 두께로 써지는 볼펜이나 플러스펜과 달리 연필은 필압에 따라 선의 두께가 확연히 달라져 눈으로 확인하며 힘을 조절하기 좋습니다. 어느 종이에나 잘 써진다는 점도 장점이지요.

연필도 그 종류가 다양하지만 가장 기본적인 형태의 육각형 HB 연필을 추천합니다. HB 연필을 사용하면 글씨를 쓸 때 손에 들어가는 힘을 조절하기 쉽습니다. 악필인 사람들은 대부분 필압이 약합니다. 따라서 필압을 조절하는 게 악필 교정의 관건이지요. HB는 심이 무르고 진한 2B나 4B 연필과 달리 심이 단단하면서도 많이 진하지 않아 손에 너무 힘이 안 들어가면 색이 연해져 글씨가 잘 안보입니다. 때문에 의식적으로 조금씩 손에 힘을 주며 필압을 조절하게 됩니다. 또한 육각형 모양 연필은 구하기도 쉽고 손에서 쉽게 미끄러지지 않아 편안합니다.

Step 3
손 풀기 준비운동

이제 실제 연습으로 들어가 볼까요? 한글은 크게 가로획과 세로획, 사선, 그리고 동그라미로 이루어져 있습니다. 여기서는 글씨 쓰기의 기본인 가로획과 세로획, 사선, 동그라미에 익숙해지는 한편 손목과 손을 풀고 필압을 조절하는 법을 익혀 봅시다.

캘리향의
스피드업
글씨 교정

Chapter 2

글씨의 기본
정자체 쓰기

- 정자체를 쓰기 위한 준비
- 기초 획
- 기초 자음
- 기초 모음
- 기초 숫자
- 단어 연습
- 겹받침 연습
- 문장 연습
- 문단 연습
- 생활 문구 연습

Step 1
정자체를 쓰기 위한 준비

▽ 글씨의 기틀을 잡아 주는 가로획과 세로획

한글은 가로획, 세로획, 사선, 동그라미로 이루어진 문자입니다. 하지만 그중에서도 가로획과 세로획이 압도적으로 많지요. 가로선과 세로선이 글씨의 전체적인 이미지를 좌우한다고 봐도 과언이 아닙니다. 정갈하게 뻗은 가로획과 세로획 연습에 주의를 기울여야 하는 이유입니다.

한글 정자체의 가로획과 세로획은 일반적인 직선과는 살짝 다릅니다. 세로획의 경우 왼쪽에 놓이는 자음을 살짝 감싸는 느낌으로 위와 아래에 삐침이 있습니다. 가로획은 위아래에 놓이는 자음을 부드럽게 받치는 느낌으로 양옆에 살짝 들린 삐침이 있지요.

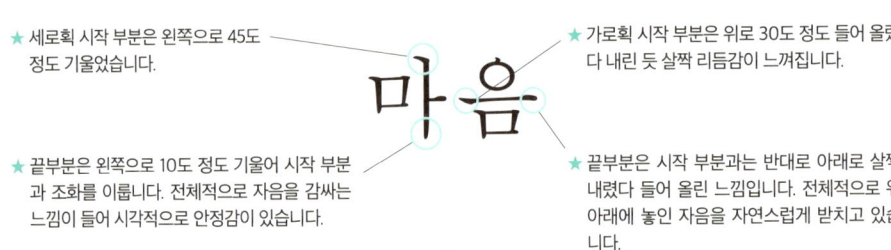

★ 세로획 시작 부분은 왼쪽으로 45도 정도 기울었습니다.

★ 가로획 시작 부분은 위로 30도 정도 들어 올렸다 내린 듯 살짝 리듬감이 느껴집니다.

★ 끝부분은 왼쪽으로 10도 정도 기울어 시작 부분과 조화를 이룹니다. 전체적으로 자음을 감싸는 느낌이 들어 시각적으로 안정감이 있습니다.

★ 끝부분은 시작 부분과는 반대로 아래로 살짝 내렸다 들어 올린 느낌입니다. 전체적으로 위아래에 놓인 자음을 자연스럽게 받치고 있습니다.

여기서 중요한 점은 삐침의 용도입니다. 삐침은 장식 요소가 아니라 글씨를 쓸 때 힘을 주는 방법을 알려 주는 지표입니다. 실제로 가볍게 연필을 댔다가 적당히 힘을 주어 선을 긋고 다시 가볍게 연필을 떼면 자연스러운 삐침이 완성되지요. 다시 말하자면 삐침은 "여기를 쓸 때는 힘을 빼세요."라는 신호인 겁니다.

삐침의 존재가 힘을 빼라는 신호라면 삐침의 각도는 무엇을 뜻할까요? 바로 함께 쓰는 자음과 시각적 균형을 맞추라는 신호입니다. 삐침은 함께 놓인 자음과 자연스럽게 어우러집니다. 세로획은 왼쪽에 놓이는 자음을 감싸고, 가로획은 위아래 자음을 든든하게 지탱합니다.

그러니 삐침 부분을 장식처럼 여기고 똑같이 꺾어서 쓰려고 억지로 노력할 필요는 없습니다. 그 부분을 쓸 때 힘을 빼고 각도를 조절하기만 하면 됩니다.

∨ 글씨의 무게중심을 맞추는 십자 보조선

이 책에서는 기초 획, 기초 자음과 기초 모음, 단어 연습 부분을 깍두기공책 형식으로 두고 모두 십자 보조선을 그었습니다. 이 칸에 맞추어 글씨를 쓸 때, 무게중심은 보조선이 맞닿는 중앙 부분입니다. 이 점을 염두에 두고 상하좌우로 치우치지 않게 정중앙에 글씨를 쓰세요. 공책에 꽉 차게 글씨를 쓰는 것도 좋지만, 처음부터 너무 꽉 차게 쓰려다 보면 오히려 무게중심을 잃을 수 있습니다. 첫 자음을 크게 써 버린 다음 발만 동동 구르는 상황이 발생하는 것이지요. 처음 시작할 때는 보조선의 절반을 여백으로 둔다고 생각하고 쓰는 게 좋습니다.

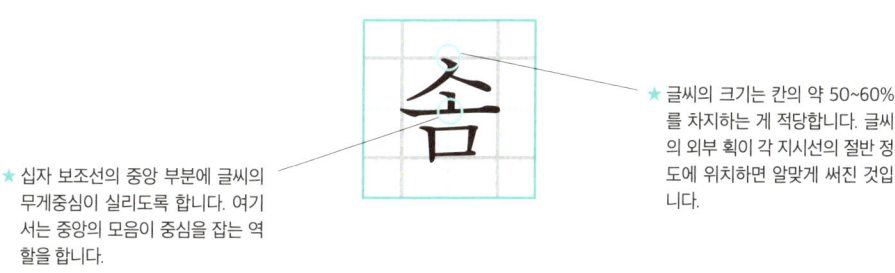

★ 십자 보조선의 중앙 부분에 글씨의 무게중심이 실리도록 합니다. 여기서는 중앙의 모음이 중심을 잡는 역할을 합니다.

★ 글씨의 크기는 칸의 약 50~60%를 차지하는 게 적당합니다. 글씨의 외부 획이 각 지시선의 절반 정도에 위치하면 알맞게 써진 것입니다.

    한글에는 받침도 있고 이중모음도 있으며, 심지어 쌍자음까지 있지요. 조합 가능한 경우의 수를 따지면 1만 자가 훌쩍 넘어갑니다. 그러니 한 글자 한 글자의 무게중심을 익혀나가는 것은 불가능에 가깝습니다. 그보다는 초성-중성-종성의 조합 유형에 따른 글자의 무게중심을 익히는 게 중요하지요. 단어 연습 부분을 쓰면서 한글의 자음과 모음이 조합되는 다양한 경우의 수를 확인하고 몸에 익혀 나가세요.

    다음 장을 넘기면 한글의 가로획과 세로획을 써 보는 연습란이 마련되어 있습니다. 이 부분은 단번에 채우려 노력하지 마세요. 한꺼번에 써 봤자 지루하기만 하답니다. 매일 글씨 연습을 하기 전에 가로획 한 줄, 세로획 한 줄을 쓰며 감각을 익혀 보세요. 바로 글씨 연습을 시작하는 것보다 기틀이 잡히는 느낌을 몸으로 체험할 수 있을 겁니다.

기초 획
매일매일 한 줄씩 연습하세요.

한글의 기본은 가로획과 세로획입니다. 이 두 가지만 제대로 그어도 반은 교정되었다고 볼 수 있어요. 이 선은 한글의 기본이 되는 선이므로 연습할 수 있는 칸도 많이 두었습니다. 단번에 다 쓰지 말고 책을 열 때마다 매일 한 줄씩 꼬박꼬박 채우고 시작합시다.

캘리향의
글씨 교정

선과 선이 꺾이며 맞물리는 부분에 주의하며 써 보세요.
각 선이 깔끔하게 맞물리도록 쓰는 것이 포인트입니다.
'ㅇ'과 'ㅎ'은 문자 중 유일하게 곡선이 들어갑니다.
동그라미가 찌그러지지 않게 천천히 둥글려 쓰세요.

기초 모음
꺾인 부분에 신경 쓰세요.

모음은 쉬워 보이지만 의외로 예쁘게 쓰기 어렵습니다. 글씨 전체의 균형을 잡아 주는 뼈대 역할을 하기 때문이에요. 모음의 위치와 간격을 조정하는 데 주의를 기울여 써 보세요. 모음이 단순한 선이 아님을 알려 주는 건 상단 꺾임 포인트입니다. 부드러운 곡선으로 꺾이도록 힘 조절을 해 봅시다.

아	아	아	아							
애	애	애	애							
야	야	야	야							
얘	얘	얘	얘							
어	어	어	어							
에	에	에	에							
여	여	여	여							
예	예	예	예							
오	오	오	오							
요	요	요	요							
와	와	와	와							
왜	왜	왜	왜							
외	외	외	외							
우	우	우	우							

유	유	유	유						
워	워	워	워						
웨	웨	웨	웨						
위	위	위	위						
으	으	으	으						
이	이	이	이						
의	의	의	의						

기초 숫자
부드럽게 둥글리며 균형을 잡으세요.

숫자는 한글보다 곡선이 많은 게 특징입니다.
또한 세로획이 살짝 사선으로 떨어지는 것도 한글 모음과 다른 점이지요.
숫자만의 특징을 살려 한글 자음, 모음과 구별하여 써 보세요.

1	1	1	1						
2	2	2	2						
3	3	3	3						
4	4	4	4						

5	5	5	5						
6	6	6	6						
7	7	7	7						
8	8	8	8						
9	9	9	9						
10	10	10	10						
11	11	11	11						
12	12	12	12						
13	13	13	13						
14	14	14	14						
15	15	15	15						
16	16	16	16						
17	17	17	17						
18	18	18	18						
19	19	19	19						
20	20	20	20						

단어 연습
글자의 구조와 균형감을 살립니다.

한글의 모든 자음은 받침으로도 활용됩니다. 받침이 들어간 글자는 자음과 모음이 단순히 결합한 형태보다 조금 더 복잡하지만 제대로만 쓰면 구조적으로 더욱 안정감 있는 글자가 되지요. 여러 가지 모음과 받침의 결합을 차근차근 써 보세요.

ㄱ									
길	길	길	길						
꽃	꽃	꽃	꽃						
가 곡	가 곡	가 곡	가 곡						

ㄴ									
눈	눈	눈	눈						
나 비	나 비	나 비	나 비						
낟 알	낟 알	낟 알	낟 알						

받침 및 모음과 조화를 이루며 달라지는 자음

받침이 생기면 첫 자음의 글씨가 작아지며 모양이 바뀔 수 있습니다. 예를 들어 똑같은 'ㄹ'이라도 '롱'은 받침의 공간을 위해 촘촘한 간격으로 써야 예쁘고, '라'는 넓고 시원하게 써야 보기 좋습니다. 또한 'ㄴ' 'ㄹ' 'ㅌ' 등 가로획이 뻗은 모양의 자음은 'ㅏ' 'ㅐ' 'ㅣ' 등 세로획이 긴 모음과 만날 때 살짝 맞닿도록 붙이는 것이 자연스럽습니다.

ㄷ

들	들	들	들							
딸기	딸기	딸기	딸기							
받침	받침	받침	받침							

ㄹ

롱	롱	롱	롱							
레몬	레몬	레몬	레몬							
랄라	랄라	랄라	랄라							

ㅁ

뫼	뫼	뫼	뫼							
몸	몸	몸	몸							
믿음	믿음	믿음	믿음							

ㅂ

밥	밥	밥	밥						
빵	빵	빵	빵						
뷔 페	뷔	페	뷔	페	뷔	페			

ㅅ

삶	삶	삶	삶						
글 씨	글	씨	글	씨	글	씨			
삿 갓	삿	갓	삿	갓	삿	갓			

ㅇ

알	알	알	알						
예 의	예	의	예	의	예	의			
야 옹	야	옹	야	옹	야	옹			

ㅈ

죽	죽	죽	죽							
쫏	쫏	쫏	쫏							
짖다		짖다		짖다		짖다				

ㅊ

덫	덫	덫	덫							
참꽃		참꽃		참꽃		참꽃				
축하		축하		축하		축하				

ㅋ

키	키	키	키							
쿼크		쿼크		쿼크		쿼크				
들녘		들녘		들녘		들녘				

ㅌ

탈	탈	탈	탈						
솥	솥	솥	솥						
튀김		튀김		튀김		튀김			

ㅍ

파	파	파	파						
펼침		펼침		펼침		펼침			
무릎		무릎		무릎		무릎			

ㅎ

힘	힘	힘	힘						
하루		하루		하루		하루			
닿다		닿다		닿다		닿다			

겹받침 연습
크기와 간격을 확인하세요.

겹받침은 말 그대로 받침 자음이 겹쳐서 쓰이는 경우를 말합니다. 글씨 하나에 자음이 세 개나 들어가기 때문에 모음을 사이에 둔 각 자음의 크기와 간격을 맞추는 것이 중요합니다. 초성 자음보다는 작게, 받침 자음끼리는 같은 크기로, 그러나 겹치지 않게 적는 게 포인트입니다.

낚	낚	낚	낚							
뫇	뫇	뫇	뫇							
앉	앉	앉	앉							
많	많	많	많							
닭	닭	닭	닭							
닮	닮	닮	닮							
밟	밟	밟	밟							
곳	곳	곳	곳							
핥	핥	핥	핥							
읖	읖	읖	읖							
싫	싫	싫	싫							
값	값	값	값							
굵	굵	굵	굵							
삶	삶	삶	삶							

문장 연습
윗줄과 아랫줄의 적절한 간격을 익힙니다.

호흡이 긴 문장을 쓰다 보면 자기도 모르게 마음이 급해져 줄이 비뚤어지고 행간도 들쑥날쑥해집니다. 천천히 또박또박 쓰면서 개별 글자의 적절한 공간감을 익히고, 행과 행 사이의 간격을 잡아 나가세요.

<서시> - 윤동주

<서시> - 윤동주

죽는 날까지 하늘을 우러러 / 한 점 부끄럼이 없기를,

죽는 날까지 하늘을 우러러 / 한 점 부끄럼이 없기를,

잎새에 이는 바람에도 / 나는 괴로워했다.

잎새에 이는 바람에도 / 나는 괴로워했다.

별을 노래하는 마음으로

별을 노래하는 마음으로

모든 죽어 가는 것을 사랑해야지.

모든 죽어 가는 것을 사랑해야지.

그리고 나한테 주어진 길을 / 걸어가야겠다.

오늘 밤에도 별이 바람에 스치운다.

<모란이 피기까지는> - 김영랑

모란이 피기까지는

나는 아직 나의 봄을 기다리고 있을 테요

모란이 뚝뚝 떨어져 버린 날

나는 비로소 봄을 여읜 설움에 잠길 테요

5월 어느 날, 그 하루 무덥던 날

떨어져 누운 꽃잎마저 시들어 버리고는

천지에 모란은 자취도 없어지고

뻗쳐오르던 내 보람 서운케 무너졌으니

모란이 지고 말면 그뿐, 내 한 해는 다 가고 말아

삼백 예순 날 하냥 섭섭해 우옵네다

삼백 예순 날 하냥 섭섭해 우옵네다

모란이 피기까지는 / 나는 아직 기다리고 있을 테요,

모란이 피기까지는 / 나는 아직 기다리고 있을 테요,

찬란한 슬픔의 봄을.

찬란한 슬픔의 봄을.

〈구슬은 눈물처럼 흘러 밤을 밝히고〉 - 어우동

〈구슬은 눈물처럼 흘러 밤을 밝히고〉 - 어우동

구슬은 한줄기 눈물처럼 흘러 밤을 밝히고

구슬은 한줄기 눈물처럼 흘러 밤을 밝히고

흰 구름은 높이 흘러가니 달빛은 더욱 밝아라

흰 구름은 높이 흘러가니 달빛은 더욱 밝아라

한 칸의 작은 방에는 님의 향기가 남아 있고

꿈결 같은 그리운 정, 그림으로 그려 낼 수 있겠네

〈거울〉 - 이상

거울 속에는 소리가 없소

저렇게까지 조용한 세상은 참 없을 것이오

거울 속에도 내게 귀가 있소

내 말을 못 알아듣는 딱한 귀가 두 개나 있소

거울 속의 나는 왼손잡이오

내 악수를 받을 줄 모르는-악수를 모르는 왼손잡이오

거울 때문에 나는 거울 속의 나를 만져 보지 못하는 구료마는

거울 아니었던들 내가 어찌 거울 속의 나를

만져 보기만이라도 했겠소

나는 지금 거울을 안 가졌소마는

거울 속에는 늘 거울 속의 내가 있소

잘은 모르지만 외로 된 사업에 골몰할게요

거울 속의 나는 참 나와는 반대요마는 / 또 꽤 닮았소

나는 거울속의 나를 근심하고 진찰할 수 없으니 퍽 섭섭하오

〈사슴〉 - 노천명

모가지가 길어서 슬픈 짐승이여,

언제나 점잖은 편 말이 없구나.

관이 향기로운 너는 / 무척 높은 족속이었나 보다.

물 속의 제 그림자를 들여다보고

잃었던 전설을 생각해 내고는 어찌할 수 없는 향수에

슬픈 모가지를 하고 먼 데 산을 바라본다.

〈그날이 오면〉 - 심훈

그날이 오면 그날이 오며는

삼각산이 일어나 더덩실 춤이라도 추고

한강물이 뒤집혀 용솟음칠 그날이

이 목숨이 끊기기 전에 와 주기만 할 양이면

나는 밤하늘에 날으는 까마귀와 같이

종로의 인경을 머리로 들이받아 울리오리다.

두개골은 깨어져 산산조각이 나도

기뻐서 죽사오매 오히려 무슨 한이 남으오리까.

그날이 와서 오오 그날이 와서

육조 앞 넓은 길을 울며 뛰며 뒹굴어도

그래도 넘치는 기쁨에 가슴이 미어질 듯하거든

드는 칼로 이 몸의 가죽이라도 벗겨서

커다란 북을 만들어 들쳐 메고는

여러분의 행렬에 앞장을 서오리다.

우렁찬 그 소리를 한 번이라도 듣기만 하면

그 자리에 거꾸러져도 눈을 감겠소.

〈빼앗긴 들에도 봄은 오는가〉 - 이상화

지금은 남의 땅―빼앗긴 들에도 봄은 오는가?

나는 온몸에 햇살을 받고

푸른 하늘 푸른 들이 맞붙은 곳으로

가르마 같은 논길을 따라 꿈속을 가듯 걸어만 간다.

입술을 다문 하늘아 들아

내 맘에는 내 혼자 온 것 같지를 않구나

네가 끌었느냐 누가 부르더냐 답답워라 말을 해 다오.

바람은 내 귀에 속삭이며

한 자욱도 섰지 마라 옷자락을 흔들고

종다리는 울타리 너머 아가씨같이 구름 뒤에서 반갑다 웃네.

고맙게 잘 자란 보리밭아

간밤 자정이 넘어 내리던 고운 비로

너는 삼단 같은 머리털을 감았구나. 내 머리조차 가뿐하다.

마른 논을 안고 도는 착한 도랑이

젖먹이 달래는 노래를 하고 제 혼자 어깨춤만 추고 가네.

나비 제비야 깝치지 마라,

맨드라미 들마꽃에도 인사를 해야지.

아주까리 기름을 바른 이가 지심매던 그 들이라도 보고 싶다.

내 손에 호미를 쥐어 다오.

살진 젖가슴과 같은 부드러운 이 흙을

발목이 시도록 밟아도 보고 좋은 땀조차 흘리고 싶다.

강가에 나온 아이와 같이

짬도 모르고 끝도 없이 닫는 내 혼아

무엇을 찾느냐 어디로 가느냐 우스웁다 답을 하려무나.

나는 온몸에 풋내를 띠고

푸른 웃음 푸른 설움이 어우러진 사이로

다리를 절며 하루를 걷는다.

아마도 봄 신명이 지폈나 보다.

그러나 지금은-들을 빼앗겨 봄조차 빼앗기겠네.

문단 연습
꾸준히 써 보며 글씨 감각을 익힙니다.

글씨 습관을 들이는 데는 긴 문장을 고른 크기로 쭉 써보는 게 가장 좋습니다. 앞에서 익힌 정자체를 바탕으로, 이번에는 조금 더 간소한 글씨체를 실생활에 자주 쓰일 만한 크기로 써 가며 몸에 익혀 봅시다.

<날개> - 이상

<날개> - 이상

'박제가 되어 버린 천재'를 아시오? 나는 유쾌하오. 이런 때 연애까지가

'박제가 되어 버린 천재'를 아시오? 나는 유쾌하오. 이런 때 연애까지가

유쾌하오. 육신이 흐느적흐느적하도록 피로했을 때만 정신이 은화처럼

유쾌하오. 육신이 흐느적흐느적하도록 피로했을 때만 정신이 은화처럼

맑소. 니코틴이 내 횟배 앓는 뱃속으로 스미면 머릿속에 으레 백지가 준

맑소. 니코틴이 내 횟배 앓는 뱃속으로 스미면 머릿속에 으레 백지가 준

비되는 법이오. 그 위에다 나는 위트와 패러독스를 바둑 포석처럼 늘어놓

비되는 법이오. 그 위에다 나는 위트와 패러독스를 바둑 포석처럼 늘어놓

소. 가증할 상식의 병이오. 나는 또 여인과 생활을 설계하오. 연애기법에

소. 가증할 상식의 병이오. 나는 또 여인과 생활을 설계하오. 연애기법에

마저 서먹서먹해진 지성의 극치를 흘깃 좀 들여다본 일이 있는, 말하자면

일종의 정신분일자말이오. 이런 여인의 반―그것은 온갖 것의 반이오.―

만을 영수하는 생활을 설계한다는 말이오. 그런 생활 속에 한 발만 들여

놓고 흡사 두 개의 태양처럼 마주 쳐다보면서 낄낄거리는 것이오. 나는

아마 어지간히 인생의 제행이 싱거워서 견딜 수가 없게끔 되고 그만둔 모

양이오. 굿바이. (……) 나는 불현듯 겨드랑이가 가렵다. 아하, 그것은 내

인공의 날개가 돋았던 자국이다. 오늘은 없는 이 날개. 머릿속에서는 희

망과 야심이 말소된 페이지가 딕셔너리 넘어가듯 번뜩였다. 나는 걷던 걸

음을 멈추고 그리고 일어나 한 번 이렇게 외쳐 보고 싶었다. 날개야 다시

돋아라. 날자. 날자. 한 번만 더 날자꾸나. 한 번만 더 날아 보자꾸나.

<동백꽃> - 김유정

오늘도 또 우리 수탉이 막 쫓기었다. 내가 점심을 먹고 나무를 하러 갈

양으로 나올 때였다. 산으로 올라서려니까 등 뒤에서 푸르득푸드득, 하

고 닭의 횃소리가 야단이다. 깜짝 놀라서 고개를 돌려보니 아니나 다르

라, 두 놈이 또 얼리었다. 점순네 수탉이 덩저리 작은 우리 수탉을 함부

로 해내는 것이다. 그것도 그냥 해내는 것이 아니라 푸드득 하고 면두를

쪼고 물러섰다가 좀 사이를 두고 또 푸드득 하고 모가지를 쪼았다. 이렇

게 멋을 부려 가며 여지없이 닦아 놓는다. 그러면 이 못생긴 것은 쪼일 적

마다 주둥이로 땅을 받으며 그 비명이 킥, 킥 할 뿐이다. 물론 미처 아물

지도 않은 면두를 또 쪼이어 붉은 선혈은 뚝뚝 떨어진다. 이걸 가만히 내

려다보자니 내 대강이가 터져서 피가 흐르는 것같이 두 눈에서 불이 번

쩍 난다. 대뜸 지게막대기를 메고 달려들어 점순네 닭을 후려칠까 하다

가 생각을 고쳐먹고 헛매질로 떼어만 놓았다. 이번에도 점순이가 쌈을 붙

여 놨을 것이다. 바짝바짝 내 기를 올리느라고 그랬음에 틀림없을 것이

다. 고놈의 계집애가 요새로 들어서서 왜 나를 못 먹겠다고 고렇게 아르

렁거리는지 모른다. 나흘 전 감자 조각만 하더라도 나는 저에게 조금도

잘못한 것은 없다. 계집애가 나물을 캐러 가면 갔지 남 울타리 엮는 데

쌩이질을 하는 것은 다 뭐냐. 그것도 발소리를 죽여 가지고 등 뒤로 살며

시 와서, "얘! 너 혼자만 일하니?" 하고 긴치 않은 수작을 하는 것이다.

어제까지도 저와 나는 이야기도 잘 않고 서로 만나도 본 척 만 척하고 이렇게 점잖게 지내던 터이련만 오늘로 갑작스레 대견해졌음은 웬일인가.

황차 망아지만 한 계집애가 남 일하는 놈 보구. "그럼 혼자 하지 떼루 하디?" 내가 이렇게 내뱉는 소리를 하니까, "너 일하기 좋니?" 또는, "한여름이나 되거든 하지 벌써 울타리를 하니?" 잔소리를 두루 늘어놓다가 남이 들을까 봐 손으로 입을 틀어막고는 그 속에서 깔깔댄다. 별로 우스울

것도 없는데 날씨가 풀리더니 이놈의 계집애가 미쳤나 하고 의심하였다.

게다가 조금 뒤에는 제 집께를 할금할금 돌아보더니 행주치마의 속으로

꼈던 바른손을 뽑아서 나의 턱밑으로 불쑥 내미는 것이다. 언제 구웠는지

아직도 더운 김이 홱 끼치는 굵은 감자 세 개가 손에 뿌듯이 쥐였다.

"느 집엔 이거 없지?" 하고 생색 있는 큰소리를 하고는 제가 준 것을 남

이 알면 큰일 날 테니 여기서 얼른 먹어 버리란다. 그리고 또 하는 소리

가, "너 봄감자가 맛있단다." "난 감자 안 먹는다, 너나 먹어라." 나는

고개도 돌리지 않고 일하던 손으로 그 감자를 도로 어깨 너머로 쑥 밀

어 버렸다. 그랬더니 그래도 가는 기색이 없고 뿐만 아니라 쌔근쌔근 하

고 심상치 않게 숨소리가 점점 거칠어진다. 이건 또 뭐야, 싶어서 그때서

야 비로소 돌아다보니 나는 참으로 놀랐다. 우리가 이 동리에 들어온 것

은 근 삼 년째 되어 오지만 여태껏 가무잡잡한 점순이의 얼굴이 이렇게까

지 홍당무처럼 새빨개진 법이 없었다. 게다가 눈에 독을 올리고 한참 나

를 요렇게 쏘아보더니 나중에는 눈물까지 어리는 것이 아니냐. 그리고 바

구니를 다시 집어 들더니 이를 꼭 악물고는 엎어질 듯 자빠질 듯 논둑으

로 휭허케 달아나는 것이다.

<꽃송이 같은 첫눈> - 강경애

오늘은 아침부터 해가 안 나는지 마치 촛불을 켜 대는 것처럼 발갛게 피

어오르던 우리 방 앞문이 종일 컴컴했다. 그리고 이따금씩 문풍지가 우룽

룽 우룽룽 했다. 잔기침 소리가 나며 마을 갔던 어머니가 들어오신다.

"어머니, 어디 갔댔어?" 바느질하던 손을 멈추고 어머니를 쳐다보았다.

치마폭에 풍겨 들어온 산뜻한 찬 공기며 발개진 코끝. "에이, 춥다." 어

머니는 화로를 마주앉으며 부저로 손끝이 발개지도록 불을 헤치신다.

"잔칫집에 갔댔다." "응. 잔치 잘해?" "잘하더구나." "색시 고와?" "쓸

만하더라."

무심히 나는 어머님의 머리를 쳐다보니 물방울이 방울방울 서렸다. "비

와요?" "비는 왜, 눈이 오는데." "눈? 벌써 눈이 와. 어디." 어린애처럼

뛰어 일어나자 손끝이 따끔해서 굽어보니 바늘이 반짝 빛났다. "에그, 아

파라, 고놈의 바늘." 나는 이렇게 중얼거리며 옥양목 오라기로 손끝을 동

이고 밖으로 뛰어나갔다. 하늘은 보이지 않고 눈송이로 뽀하다. 그리고

새로 한 수숫대 바자 갈피에는 눈이 한 줌이나 두 줌이나 되어 보이도록

쌓인다. 보슬보슬 눈이 내린다. 마치 내 가슴속까지도 눈이 내리는 듯했

다. 그리고 나는 듯 마는 듯한 냄새가 나의 코끝을 깨끗하게 한다. 무심

히 나는 손끝을 굽어보았다. 하얀 옥양목 위에 발갛게 피가 배었다.

'너는 언제까지나 바늘과만 싸우려느냐?' 이런 질문이 나도 모르게 내 입

속에서 굴러 떨어졌다. 나는 싸늘한 대문에 몸을 기대고 어디를 특별히 바

속에서 굴러 떨어졌다. 나는 싸늘한 대문에 몸을 기대고 어디를 특별히 바

라보는 것도 없이 언제까지나 움직이지 않았다. 꽃송이 같은 눈은 떨어진

다, 떨어진다.

<그믐달> - 나도향

나는 그믐달을 몹시 사랑한다. 그믐달은 요염하여 감히 손을 댈 수도 없

고 말을 붙일 수도 없이 깜찍하게 예쁜 계집 같은 달인 동시에 가슴이 저

리고 쓰리도록 가련한 달이다.

서산 위에 잠깐 나타났다 숨어 버리는 초승달은 세상을 후려 삼키려는

독부가 아니면 철모르는 처녀 같은 달이지마는 그믐달은 세상의 온갖 풍

상을 다 겪고 나중에는 그 무슨 원한을 품고서 애처롭게 쓰러지는 원부

와 같이 애절하고 애절한 맛이 있다.

보름에 둥근 달은 모든 영화와 끝없는 숭배를 받는 여왕과 같은 달이지

마는 그믐달은 애인을 잃고 쫓겨남을 당한 공주와 같은 달이다.

초승달이나 보름달은 보는 이가 많지마는 그믐달은 보는 이가 적어 그만

큼 외로운 달이다.

객창 한등에 정든 임 그리워 잠 못 들어 하는 분이나, 못 견디게 쓰린 가

슴을 움켜잡은 무슨 한 있는 사람이 아니면 그 달을 보아 주는 이가 별로

이 없을 것이다.

그는 고요한 꿈나라에서 평화롭게 잠들은 세상을 저주하며 홀로이 머리를

풀어뜨리고 우는 청상과 같은 달이다. 내 눈에는 초등달빛은 따뜻한 황금

빛에 날카로운 쇳소리가 나는 듯하고, 보름달은 치어다보면 하얀 얼굴이

언제든지 웃는 듯하지마는, 그믐달은 공중에서 번득하는 날카로운 비수와

같이 푸른빛이 있어 보인다. 내가 한 있는 사람이 되어서 그러한지는 모르

지마는, 내가 그 달을 많이 보고 또 보기를 원하지만, 그 달은 한 있는 사람

만 보아 주는 것이 아니라 늦게 돌아가는 술주정꾼과 노름하다 오줌 누러

나온 사람도 보고, 어떤 때는 도둑놈도 보는 것이다. 어떻든지 그믐달은 가

장 정 있는 사람이 보는 중에, 또는 가장 한 있는 사람이 보아 주고, 또 가

장 무정한 사람이 보는 동시에 가장 무서운 사람들이 많이 보아 준다.

내가 만일 여자로 태어날 수 있다 하면 그믐달 같은 여자로 태어나고 싶다.

<백범일지> - 김구

인, 신 두 어린 아들에게

아비는 이제 너희가 있는 고향에서 수륙 오천 리나 떨어진 먼 나라에서

이 글을 쓰고 있다. 어린 너희를 앞에 놓고 말하여 들려 줄 수 없으매 그

동안 나의 지난 일을 대략 기록하여서 몇몇 동지에게 남겨 장래 너희가

자라서 아비의 경력을 알고 싶어할 때가 되거든 너희에게 보여 주라고 부

탁하였거니와, 너희가 아직 나이 어리기 때문에 직접 말하지 못하는 것이

유감이지만 어디 세상사가 뜻과 같이 되느냐.

내 나이는 벌써 쉰셋이건마는 너희는 이제 열 살과 일곱 살밖에 안 되었

으니 너희의 나이와 지식이 자라질 때에는 내 정신과 기력은 벌써 쇠할 뿐

아니라, 이 몸은 이미 원수 왜에게 선전포고를 내리고 지금 사선에 서 있

으니 내 목숨을 어찌 믿어 너희가 자라서 면대하여 말할 수 있을 날을 기

다리겠느냐. 이러하기 때문에 지금 이 글을 써 두려는 것이다.

내가 내 경력을 기록하여 너희에게 남기는 것은 결코 너희에게 나를 본받

으라는 뜻은 아니다. 내가 진심으로 바라는 바는 너희도 대한민국의 한

국민이니 동서와 고금의 허다한 위인 중에서 가장 숭배할 만한 이를 택하

여 스승으로 섬기라는 것이다. 너희가 자라더라도 아비의 경력이 알 길이

없겠기로 내가 이 글을 쓰는 것이다.

다만 유감되는 것은 이 책에 적는 것이 모두 오랜 일이므로 잊어버린 것

이 많은 것은 사실이나, 하나도 보태거나 지어 넣은 것이 없는 것도 사실

이니 믿어 주기를 바란다.

대한민국 11년 5월 3일 중국 상해에서 아비

<메밀꽃 필 무렵> - 이효석

밤중을 지난 무렵인지 죽은 듯이 고요한 속에서 짐승 같은 달의 숨소리가

손에 잡힐 듯이 들리며, 콩 포기와 옥수수 잎새가 한층 달에 푸르게 젖었

다. 산허리는 온통 메밀밭이어서 피기 시작한 꽃이 소금을 뿌린 듯이 흐뭇

한 달빛에 숨이 막힐 지경이다. 붉은 대공이 향기같이 애잔하고 나귀들의

걸음도 시원하다.

길이 좁은 까닭에 세 사람은 나귀를 타고 외줄로 늘어섰다. 방울소리가

시원스럽게 딸랑딸랑 메밀밭께로 흘러간다. 앞장선 허 생원의 이야기 소

리는 꽁무니에 선 동이에게는 확적히는 안 들렸으나, 그는 그대로 개운

한 제멋에 적적하지는 않았다.

"장 선 꼭 이런 날 밤이었네. 객주집 토방이란 무더워서 잠이 들어야지.

밤중은 돼서 혼자 일어나 개울가에 목욕하러 나갔지. 봉평은 지금이나

그제나 마찬가지지. 보이는 곳마다 메밀밭이어서 개울가가 어디 없이 하

얀 꽃이야. 돌밭에 벗어도 좋을 것을, 달이 너무나 밝은 까닭에 옷을 벗

으러 물방앗간으로 들어가지 않았나. 이상한 일도 많지. 거기서 난데없는

성 서방네 처녀와 마주쳤단 말이네. 봉평서야 제일가는 일색이었지. 팔자

에 있었나 부지."

아무렴 하고 응답하면서 말머리를 아끼는 듯이 한참이나 담배를 빨 뿐이

었다. 구수한 자줏빛 연기가 밤기운 속에 흘러서는 녹았다.

"날 기다린 것은 아니었으나 그렇다고 달리 기다리는 놈팽이가 있는 것두

아니었네. 처녀는 울고 있단 말야. 짐작은 대고 있으나 성 서방네는 한창

어려워서 들고날 판인 때였지, 한집안 일이니 딸에겐들 걱정이 없을 리 있

겠나? 좋은 데만 있으면 시집도 보내련만 시집은 죽어도 싫다지……."

"그러나 처녀란 울 때같이 정을 끄는 때가 있을까. 처음에는 놀라기도 한

눈치였으나 걱정 있을 때는 누그러지기도 쉬운 듯해서 이럭저럭 이야기가

되었네……. 생각하면 무섭고도 기막힌 밤이었어."

"제천인지로 줄행랑을 놓은 건 그 다음날이렷다."

"다음 장도막에는 벌써 온 집안이 사라진 뒤였네. 장판은 소문에 발끈 뒤집혀 고작해야 술집에 팔려가기가 상수라고 처녀의 뒷공론이 자자들 하단말이야. 제천 장판을 몇 번이나 뒤졌겠나. 허나 처녀의 꼴은 꿩 궈먹은 자리야. 첫날밤이 마지막 밤이었지. 그때부터 봉평이 마음에 든 것이 반평생인들 잊을 수 있겠나."

"수 좋았지. 그렇게 신통한 일이란 쉽지 않어. 항용 못난 것 얻어 새끼 낳고, 걱정 늘고 생각만 해두 진저리나지. 그러나 늘그막바지까지 장돌뱅이로 지내기도 힘든 노릇 아닌가? 난 가을까지만 하구 이 생계와두 하직하려네. 대화쯤에 조그만 전방이나 하나 벌이구 식구들을 부르겠어. 사시장천 뚜벅뚜벅 걷기란 여간이래야지."

"옛 처녀나 만나면 같이나 살까. 난 꺼꾸러질 때까지 이 길 걷고 저 달 볼 테야."

생활 문구 연습
실생활에서 만나는 여러 문서를 직접 써 봅시다.

일상생활에서 자주 사용되는 서류나 문서를 채워 나가며 지금까지 연습한 글씨를 실생활에 적용해 봅시다. 서류의 칸에 따라 글씨의 크기를 적절히 조절하는 센스가 필요해요.

∨ 택배 송장

빠르다 택배

201**7**년 **10**월 **10**일

서울·수도권 당일배송

받는분
- 성명: 홍길동 귀하
- ☎ 02-987-6543
- 📱 010-2345-6789
- 주소: 서울특별시 종로구 사직로 161 경복맨션 1동 302호

보내는분
- 성명: 이순신
- ☎ 051-123-4567
- 주소: 부산광역시 중구 남포동3가 장미아파트 1036동 1508호

당일배송
서울, 인천, 고양, 과천, 광명, 구리, 남양주, 부천, 성남, 수원, 안산, 안양, 용인, 의왕, 의정부, 하남

배송시간은 8시~11시이며, 기상 상태, 교통지연 등의 사유로 인하여 익일 배송될 수 있습니다.

- 품목: 서류　가액: 3,000원　수량: 1개　운임: ☑선불 □착불　원
- 집하담당:　　　주의: □파손 □상하 □변질 □없음
- 특기사항: 부재 시 경비실에 맡겨 주세요.

빠르다 택배
빠르다 콜센터 **000-0000**

빠르다 택배

201　년　월　일

서울·수도권 당일배송

받는분
- 성명:　　귀하
- ☎
- 📱
- 주소:

보내는분
- 성명:
- ☎
- 주소:

당일배송
서울, 인천, 고양, 과천, 광명, 구리, 남양주, 부천, 성남, 수원, 안산, 안양, 용인, 의왕, 의정부, 하남

배송시간은 8시~11시이며, 기상 상태, 교통지연 등의 사유로 인하여 익일 배송될 수 있습니다.

- 품목:　가액:　수량:　운임: □선불 □착불　원
- 집하담당:　주의: □파손 □상하 □변질 □없음
- 특기사항:

빠르다 택배
빠르다 콜센터 **000-0000**

∨ 전화 메모

memo

To. 김영희 대리
일시 10월 16일 월요일 ·10:30
발신자 대박기업 기획부 윤철호 부장
전화번호 070-7777-1234

☐ 전화왔었습니다.   ✓ 연락 바랍니다.
☐ 다시 연락할 예정입니다.

메모 이번 주 금요일 오전 10시 미팅을
   목요일 오후 4시로 바꿀 수 있는지 문의차 연락.

작성자 김철수

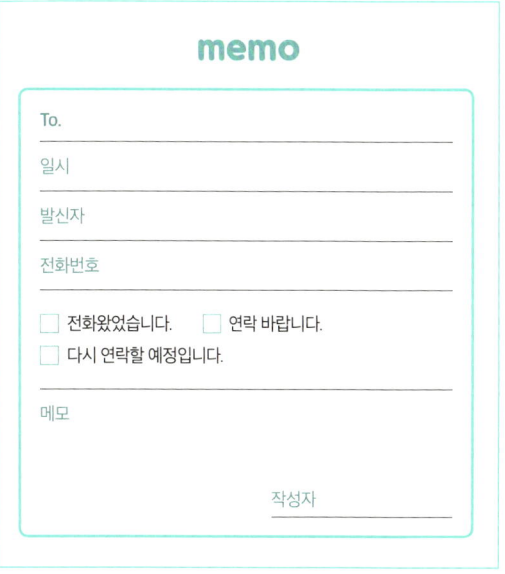

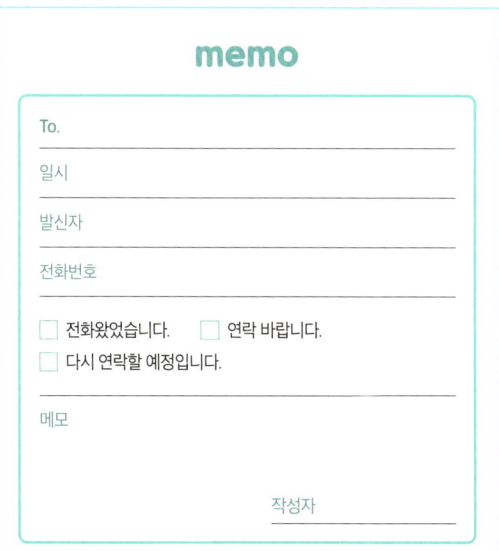

은행 계좌 개설 신청서

은행거래신청서

본인은 부자은행의 예금 거래 약관이 적용됨을 승낙하고 다음과 같이 신청합니다.

2017 년 10 월 10 일

담당	책임자
실명확인	(인)

인감	서명

구분	고객 기재란 (신규/변경)	
성명(업체명)	김연아	
생년월일	1990. 09. 05	
주민등록번호	900905-2345678	
사업자등록번호	--	
자택주소	서울특별시 강남구 테헤란로 312 비전아파트 301동 204호	
자택전화	02-345-6789	
휴대전화	010-9876-5432	
이메일 주소	yunaspin@korea.co.kr	
직장주소	서울특별시 여의도구 국회대로 1길 256-345	
직장전화	02-1234-5678	
우편물수령지		전화연락처

고객상담란	상품 종류	부자 적금	계약 기간	12개월	월부금	500,000원
	적립 방법	정기 적립	이자 적용	금리확정형	이자 수령법	만기지급식

고객상담란	인출 계좌	123-4567-8910	자동이체를 신청합니다. 예금주: 김연아 (인)	본인 확인
	이체 금액	500,000원		본인

본인은 위 모든 내용에 대해 충분히 설명을 들었으며 계좌 개설에 동의합니다.

예금주: 김연아 (인)

혼인신고서

혼 인 신 고 서 (년 월 일)	※뒷면의 작성방법을 읽고 기재하시되, 선택항목은 해당번호에 "○"으로 표시하여 주시기 바랍니다.

구 분			남 편(부)		아 내(처)	
① 혼인당사자(신고인)	성명	한글	김 철수	㉞ 또는 서명	이 영희	㉞ 또는 서명
		한자	金 哲洙		李 榮姬	
	본(한자)		金海	전화 010-8282-4545	金州	전화 010-3535-4242
	출생연월일		1988. 01. 01		1990. 09. 12	
	주민등록번호		880101-1234567		900912-2345678	
	등록기준지		서울시 강남구 학동 224-213		서울시 영등포구 여의도동 13-3	
	주소		서울시 강남구 삼성로 27번길 36		서울시 여의동로 3길 13	
② 부모(양부모)	부 성명		김철호		이영수	
	주민등록번호		570303-1234567		600202-1234567	
	등록기준지		서울시 강남구 학동 224-213		서울시 영등포구 여의도동 13-3	
	모 성명		정순희		최금자	
	주민등록번호		601210-2345678		620808-2345678	
	등록기준지		서울시 강남구 학동 224-213		서울시 영등포구 여의도동 13-3	
③외국방식에 의한 혼인성립일자			2017 년 10 월 20 일			
④성·본의 협의			자녀의 성·본을 모의 성·본으로 하는 협의를 하였습니까?			예 □ 아니요 □
⑤근친혼 여부			혼인당사자들이 8촌이내의 혈족사이에 해당됩니까?			예 □ 아니요 □
⑥기타사항						
⑦ 증인	성명		길희수 ㉞ 또는 서명	주민등록번호	860505-2345678	
	주소		서울시 강남구 삼성로 27번길 36			
	성명		이명훈 ㉞ 또는 서명	주민등록번호	930707-1234567	
	주소		서울시 영등포구 여의도동 13-3			
⑧ 동의자	남편	부 성명	김철호 ㉞ 또는 서명	후견인	성명	㉞ 또는 서명
		모 성명	정순희 ㉞ 또는 서명		주민등록번호	
	아내	부 성명	이영수 ㉞ 또는 서명		성명	㉞ 또는 서명
		모 성명	최금자 ㉞ 또는 서명		주민등록번호	
⑨ 제출인		성명	김철수		주민등록번호	880101-1234567

※ 타인의 서명 또는 인장을 도용하여 허위의 신고서를 제출하거나, 허위신고를 하여 가족관계등록부에 실제와 다른 사실을 기록하게 하는 경우에는 형법에 의하여 처벌받을 수 있습니다.

∨ 경조사 봉투

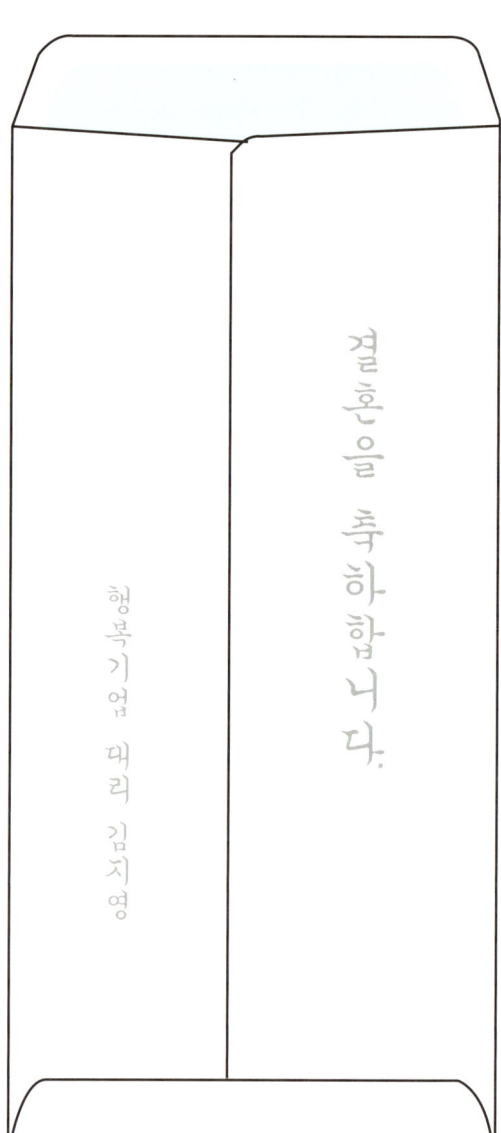

자주 쓰이는 문구 연습

축 출산	탄생을 축하합니다.
축 첫돌	첫돌을 축하합니다.
축 회갑	만수무강하십시오.
축 개업	사업 번창을 기원합니다.
부의	삼가 고인의 명복을 빕니다.
근조	삼가 조의를 표합니다.

∨ 카드와 엽서 문구

새해 복 많이 받으세요.
올해도 가내에 늘 평안이
가득하길 바랍니다.
항상 건강하십시오.

생일을 진심으로
축하합니다.
오늘 하루는
세상 누구보다도 더
행복하게 보내세요.

친구야, 잘 지내니?
문득 보고 싶은 마음에
엽서를 띄운다.
자주 만나지는 못하지만
마음속으로는 늘
네 생각을 한단다.
조만간 만날 기회를
꼭 만들어 보자~!

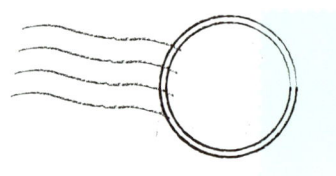

존경하는 선생님
졸업을 앞두고
늦은 인사를 드립니다.
그 동안 사랑으로
이끌어주신
선생님 덕분에
여기까지 성장할 수
있었습니다.
선생님의 은혜를
잊지 않겠습니다.

캘리향의
스피드업
글씨 교정

Chapter 3
빠르게 쓰는 글씨
흘림체 쓰기

- ✓ 스피드가 중요한 이유
- ✓ 빠르게 쓰기 위한 준비
- ✓ 빠르게 쓰기 기초 획
- ✓ 기초 획
- ✓ 기초 자음
- ✓ 기초 숫자
- ✓ 문장 연습
- ✓ 문단 연습

Step 1
스피드가 중요한 이유

시간만 충분하다면 누구든 예쁜 글씨를 쓸 수 있습니다. 문제는 일상 속에서 글씨를 쓸 때는 여유롭지 않은 상황이 많다는 점이지요. 수업 내용을 필기하거나 전화의 요점을 메모할 때, 관공서나 은행에서 서류를 접수시킬 때, 우리는 속도감 있게 글을 씁니다. 이 과정에서 글씨가 꼬이고 엉켜 버립니다.

바른 글씨를 공들여 쓰는 것과 실제 내 몸이 편안하게 글씨를 받아들이는 것은 다릅니다. 몸에 익은 자연스러운 속도를 따르지 못한다면 결국 답답한 마음에 예전 글씨로 후다닥 써 버리게 되겠지요. 정자체를 쓰며 글씨의 균형감과 쓰는 감각을 익혔다면 이제 실생활에 적용할 수 있는 빠르게 쓰기로 들어갑시다.

빠르게 쓰기에 쓰이는 흘림체는 정자체의 기본은 유지하되 연이어 쓰기 편하도록 조금씩 변형한 글씨입니다. 정자체보다 훨씬 쓰기 편하기 때문에 따라 쓰다 보면 자연스럽게 글씨에 속도감이 붙을 거예요. 스피드를 조금씩 올리며 현재 쓰는 글씨의 속도와 비슷하게 '예쁜 글씨'를 쓰도록 연습해 봅시다.

Step 2
빠르게 쓰기 위한 준비

앞 장에서 짚은 바른 자세는 모든 자세의 기본입니다. 정자체를 익힐 때는 흐트러진 몸을 바로 세운 바른 자세가 가장 좋습니다. 하지만 글씨에 속도감을 붙이려면 조금 더 효율적인 방향으로 자세를 가다듬는 게 더 편하답니다.

종이가 몸의 중앙이 아니라 약간 오른쪽에 위치하도록 둡니다. 물론 왼손잡이는 살짝 왼쪽으로 보내야겠지요? 이때 종이의 바깥쪽 부분이 위로 조금 올라가게 두면 더 편안한 자세가 잡힙니다.

그리고 이제는 연필이 아닌 펜을 써도 됩니다. 연필은 쓰다 보면 뭉툭해져서 깎아 쓰기 귀찮았을 거예요. 이제는 많이 써도 두께가 달라지지 않는 펜으로 도구를 바꾸어서 써 보도록 할게요.

빠르게 쓰기 좋은 자세와 도구

❶ 종이를 몸의 중앙에서 오른쪽으로 치우치게 둡니다.
❷ 종이의 바깥쪽이 위로 살짝 올라가게 둡니다. 각도는 20도 정도가 적당합니다.
❸ 부드럽게 써지는 펜이나 볼펜을 가볍게 쥡니다.

Step 3

빠르게 쓰기 기초 획

∨ 빠르게 쓰기의 기본선은 사선

앞서 연습한 정자체의 획은 모두 똑바로 그은 수직선과 수평선을 기본으로 합니다. 가로획과 세로획이 마주칠 때는 서로의 각도가 직각에 가까웠습니다. 이렇게 쓰인 글씨는 깔끔하고 바른 느낌을 줍니다.

하지만 정자체의 수직선과 수평선은 신체 구조상 **빠르게 긋기 어려운 선**입니다. 펜을 쥐고 자연스럽게 선을 그어 보세요. 획이 바깥에서 안으로 자연스럽게 기울어지는 선이 그려질 겁니다. 선을 그을 때 손목 관절은 수직으로 움직이지 않고 부드럽게 안쪽으로 이동합니다. 따라서 선도 자연스럽게 기울지요. 우리는 그 각도를 그대로 살려 더 빠르게 속도를 내 보려 합니다.

| 반듯한 정자체 글씨 | 빠르게 쓴 사선 글씨 |

사선이 기본이라니 당황스럽지요? 정말 바르게 써질까 걱정도 될 겁니다. 하지만 글씨의 기본은 균형미입니다. 아무리 각도가 변하더라도 글씨의 무게중심이 맞고 균형적이면 정자체와 똑같이 정갈한 글씨를 쓸 수 있습니다. 마치 수학 공식처럼 가로획과 세로획이 정돈되면 다른 변수가 어떻게 변하든 쉽게 글씨를 알아보는 것이지요.

지금까지 가로세로 모두 수직선을 유지했다면 이제부터는 약간 기울어진 각도로 연습할 것입니다. 앞에서 정자체를 연습했던 것처럼 이번에는 이 각도가 몸에 익도록 꾸준히 써 보세요. 기본 사선만 몸에 익으면 빠르면서도 글자끼리 서로 뭉치거나 꼬이지 않게 쓸 수 있을 겁니다.

∨ 받침은 무게중심을 위해 살짝 오른쪽으로

가로획과 세로획이 사선으로 변하면 자연스럽게 글자의 무게중심이 이동합니다. 빠르게 쓰기의 기본 세로획은 오른쪽에서 왼쪽으로 그어지며, 가로획은 아래에서 살짝 위로 올라갑니다. 전체적으로 정사각형에 가깝던 글자의 틀이 살짝 오른쪽으로 이동한 평행사변형이 된다는 뜻입니다.

윗변이 오른쪽으로 치우친 평행사변형 틀 안에서 글자의 전체적인 무게중심을 맞추려면 받침을 약간 오른쪽으로 빼서 써야 합니다. 받침까지 획의 사선과 맞춰 써 버리면 윗부분이 불안정해져 마치 고꾸라질 것 같은 느낌이 들기 때문입니다. 글씨의 기본적인 균형미는 시각적인 무게중심에서 옵니다. 다시 말해 무게중심만 잘 맞추면 어떤 글씨를 써도 잘 썼다는 평을 들을 수 있습니다. 흘림체 쓰기의 기본 과정은 이 균형미를 익히는 과정이라고도 할 수 있습니다.

★ 받침을 오른쪽으로 빼지 않아 균형미가 맞지 않는 서체. 평행사변형이라는 보조선에 기계적으로 맞추면 눈으로 봤을 때 어색한 글씨가 됩니다.

★ 받침을 오른쪽으로 이동하여 글씨의 균형을 맞추었습니다. 받침이 오른쪽에 무게감을 실어 주어 눈으로 보았을 때 무게중심이 맞아 보입니다.

흘림체는 정자체 쓰기와 기본 획의 각도가 달라서 처음에는 조금 어색하게 느껴질 수 있습니다. 하지만 금세 적응될 거예요. 반듯한 정자체보다 쓰기 편해서 몸에 자연스럽게 익거든요. 무게중심 때문에 받침을 쓸 때는 조금 오른쪽으로 뺀다는 점만 기억한다면 누구나 쉽게 흘림체를 익힐 수 있을 겁니다.

기초 획
매일매일 한 줄씩 연습하세요.

정자체로 쓰다가 빠르게 쓰기로 자연스럽게 옮아가려면 달라진 스타일에 확실히 적응을 해야 합니다. 정자체에서 흘림체로 변하는 포인트는 바로 무게 중심 이동으로 인한 기본 축의 변형입니다. 이전과 달리 사선으로 빠진 기초 획을 매일 조금씩 그으며 연습해 보세요.

캘리향의
글씨 교정

사선 형태가 녹아든 흘림체 자음입니다.
정자체와 달리 모든 획이 아주 완만한 곡선 형태이므로 부드러운 느낌을 줍니다.
정자체를 쓸 때보다 조금 힘을 빼고 써 보세요.
힘들이지 않고 빠르게 적응할 수 있을 겁니다.

캘리향의
글씨 교정

ㅊ ㅊ ㅊ ㅊ

ㅋ ㅋ ㅋ ㅋ

ㅌ ㅌ ㅌ ㅌ

ㅍ ㅍ ㅍ ㅍ

ㅎ ㅎ ㅎ ㅎ

더 빨리 쓸 때 모양이 바뀌는 자음

ㄹ ㅂ ㅍ

빠르게 쓰려다 보면 자기도 모르게 조금씩 획을 줄이고 통합하게 됩니다. 글씨 본연의 형태는 유지하되 그 형태를 가장 빠르게 구현할 수 있는 최저 획 수를 손에 익히게 되는 것이지요. 3번에 걸쳐 5개의 획을 그어야 하는 'ㄹ'은, 영어 스펠링 'Z'를 둥글리듯 쓴 다음 가운데에 가로획을 그으면 단 2번 만에 훨씬 빠르게 쓸 수 있습니다. 'ㅂ'이나 'ㅍ'도 흘리듯 쓰면 글을 쓰는 속도가 눈에 띄게 향상되지요. 추후 문장 연습에 들어가면 모양이 바뀌는 자음을 실제 써 보게 될 거예요. 단, 이런 획은 우선 기초 연습이 끝난 후 시도해야 글씨체가 흐트러지지 않으니 유의하세요!

기초 숫자
동그라미의 모양에 익숙해지세요.

아라비아 숫자는 정자체로 연습하기보다 필기용 흘림체로 연습하는 것이 훨씬 가독성이 높습니다. 둥근 모양의 숫자인 0, 8, 9는 흘려 쓰면 알아보기 어려우니 각각의 특징을 잡아서 확실하게 달라 보이도록 연습합니다.

| 1 1 1 1 |
| 2 2 2 2 |
| 3 3 3 3 |
| 4 4 4 4 |
| 5 5 5 5 |
| 6 6 6 6 |
| 7 7 7 7 |
| 8 8 8 8 |
| 9 9 9 9 |
| 0 0 0 0 |

빠르게 쓸 때는 글자 사이 간격 조정에 유의해야 합니다.
한창 쓰다 보면 글씨가 뭉치거나 너무 많이 떨어질 수 있는데,
이러면 아무리 잘 쓴 글씨도 악필처럼 보이기 때문입니다.
문장 쓰기를 통해 여러 가지 조합의 글씨 형태는 물론 적절한 간격에도 익숙해지세요.

한때 사랑했던 이가 어둠으로 가득 찬 상자를

주었다. 그것 또한 선물이었다는 걸 이해하는 데

몇 년이 걸렸다. ─메리 올리버

겨울이 우리에게 묻는 날이 있을 것이다.

여름에 무엇을 했느냐고. -체코 속담

여름에 무엇을 했느냐고.

시작하라. 그 자체가 천재성이고 힘이며

시작하라. 그 자체가 천재성이고 힘이며

마력이다. -괴테

마력이다.

서두르지 말되 멈추지 마라. -스페인 격언

서두르지 말되 멈추지 마라.

그 누구도 당신의 동의 없이 당신을 초라하게

그 누구도 당신의 동의 없이 당신을 초라하게

만들 수 없다. -엘리너 루스벨트

만들 수 없다.

인생이란 당신이 다른 계획을 세우느라

인생이란 당신이 다른 계획을 세우느라

바쁠 때 당신에게 일어나는 일이다. -존 레넌

바쁠 때 당신에게 일어나는 일이다.

어떤 일이든 이루기 전까지는 모두 불가능해

어떤 일이든 이루기 전까지는 모두 불가능해

보인다. -넬슨 만델라

보인다.

젊었을 때는 삶에서 돈이 가장 중요한 것이라고

생각했다. 나이가 드니 그것이 사실임을

알겠다. -오스카 와일드

빨리 가려거든 혼자 가라. 멀리 가려거든

함께 가라. -인디언 속담

나는 공정주의자이다. 다른 주의자가 되어 봤자

별 쓸모가 없기 때문이다. -웨스턴 처칠

모든 것에는 금이 가 있다. 빛은 거기로

들어온다. -레너드 코언

배는 항구에 머무를 때 가장 안전하다. 그러나 그것이

배의 존재 이유는 아니다. -괴테

가장 빛나는 별은 아직 발견되지 않은 별이듯

인생의 가장 아름다운 날은 아직 살지 않은

날들이다. -토마스 바샵

<꿈속의 넋> - 이옥봉

요사이 안부를 묻노니 어떠신지요.

달빛 비친 안채에 저의 한이 많습니다

꿈 속의 넋에도 자취가 남는다면

문 앞 돌길이 반쯤은 모래가 되었을 텐데

<연밥을 따며> - 허난설헌

맑고 넓은 가을 호수 옥처럼 새파란데

연꽃 가득 핀 곳에 목련나무 배 한 척 매였네

님을 보자 물 건너로 연밥 따서 던지고

행여나 뉘 봤을까 한나절 부끄러워라

〈돌담에 속삭이는 햇발〉 - 김영랑

돌담에 속삭이는 햇발같이

풀 아래 웃음 짓는 샘물같이

내 마음 고요히 고운 봄 길 위에

오늘 하루 하늘을 우러르고 싶다.

새악시 볼에 떠오르는 부끄럼같이

시의 가슴 살포시 젖는 물결같이

보드레한 에머랄드 얇게 흐르는

실비단 하늘을 바라보고 싶다.

〈예전엔 미처 몰랐어요〉 - 김소월

봄 가을 없이 밤마다 돋는 달도

예전엔 미처 몰랐어요.

이렇게 사무치게 그리울 줄도

예전엔 미처 몰랐어요

달이 암만 밝아도 쳐다볼 줄을

예전엔 미처 몰랐어요.

이제금 저 달이 설음인 줄은

예전엔 미처 몰랐어요.

<청포도> - 이육사

내 고장 칠월은 청포도가 익어가는 시절

이 마을 전설이 주저리주저리 열리고

먼데 하늘이 꿈꾸며 알알이 들어와 박혀

하늘만 푸른 바다가 가슴을 열고

흰 돛단배가 곱게 밀려서 오면

내가 바라는 손님은 고달픈 몸으로

청포를 입고 찾아온다고 했으니

내 그를 맞아 이 포도를 따 먹으면

두 손은 함뿍 적셔도 좋으련

아이야 우리 식탁엔 은쟁반에

하이얀 모시 수건을 마련해 두렴

〈별 헤는 밤〉 - 윤동주

계절이 지나가는 하늘에는 가을로 가득 차 있습니다.

나는 아무 걱정도 없이

가을 속의 별들을 다 헬 듯합니다.

가슴 속에 하나 둘 새겨지는 별을

이제 다 못 헤는 것은 쉬이 아침이 오는 까닭이요

내일 밤이 남은 까닭이요

아직 나의 청춘이 다 하지 않은 까닭입니다

별 하나에 추억과

별 하나에 사랑과

별 하나에 쓸쓸함과

별 하나에 동경과

별 하나에 시와

별 하나에 어머니, 어머니

<님의 침묵> - 한용운

님은 갔습니다. 아아 사랑하는 나의 님은 갔습니다.

푸른 산빛을 깨치고 단풍나무 숲을 향하여 난

작은 길을 걸어서 차마 떨치고 갔습니다.

황금의 꽃같이 굳고 빛나던 옛 맹세는 차디찬

티끌이 되어서 한숨의 미풍에 날아갔습니다.

날카로운 첫 키스의 추억은 나의 운명의 지침을

돌려놓고 뒷걸음쳐서 사라졌습니다.

나는 향기로운 님의 말소리에 귀먹고

꽃다운 님의 얼굴에 눈멀었습니다.

사랑도 사람의 일이라 만날 때에 미리

떠날 것을 염려하고 경계하지 아니한 것은

아니지만 이별은 뜻밖의 일이 되고

놀란 가슴은 새로운 슬픔에 터집니다.

그러나 이별을 쓸데없는 눈물의 원천을 만들고 마는

것은 스스로 사랑을 깨치는 것인 줄 아는 까닭에

걷잡을 수 없는 슬픔의 힘을 옮겨서 새 희망의

정수박이에 들어부었습니다.

우리는 만날 때에 떠날 것을 염려하는 것과 같이

떠날 때에 다시 만날 것을 믿습니다.

아아 님은 갔지마는

나는 님을 보내지 아니하였습니다.

제 곡조를 못 이기는 사랑의 노래는

님의 침묵을 휩싸고 돕니다.

문단 연습
적절한 행간을 익힙니다.

글자 하나하나를 제대로 연습하는 것도 중요하지만, 습관을 익히는 데는 역시 긴 문장을 고른 크기로 쭉 써보는 게 가장 좋습니다.
실생활에 자주 쓰일 만한 크기의 작은 글자를 연이어 쓰며 글씨 감각을 익힙시다.

〈빨간머리 앤〉 - 루시 모드 몽고메리

〈빨간머리 앤〉 - 루시 모드 몽고메리

마릴라 아주머니, 내일은 아직 아무런 실수도 저지르지 않은 새로운 날

마릴라 아주머니, 내일은 아직 아무런 실수도 저지르지 않은 새로운 날

이에요. 그렇게 생각하면 기쁘지 않나요?

이에요. 그렇게 생각하면 기쁘지 않나요?

분명 너는 내일도 여러가지 실수를 할거야. 네가 실수를 저지르지 않는

분명 너는 내일도 여러가지 실수를 할거야. 네가 실수를 저지르지 않는

날을 본 적이 없으니까 말이다. 앤.

날을 본 적이 없으니까 말이다. 앤.

맞아요, 저도 잘 알아요. 하지만 한가지 다행인 점도 있어요. 알고

맞아요, 저도 잘 알아요. 하지만 한가지 다행인 점도 있어요. 알고

계세요? 전 같은 실수는 두 번다시 저지르지 않아요.

매번 새로운 실수를 하는 게 왜 다행인지 모르겠구나.

모르시겠어요? 사람이 저지르는 실수에는 분명히 한계가 있을 거

예요. 만약 그 끝까지 간다면 더는 실수하지 않겠죠. 그렇게 생각

하면 마음이 무척이나 편해요.

예전보다 말수가 줄어들었구나, 앤. 요즘은 거창한 말도 하지 않고 말

이다. 어쩐 일이니?

저도 잘 모르겠어요. 그다지 말을 하고 싶지 않아요. 아름답고 좋은

생각은 보물처럼 마음속에 담아 두는 게 더 나은 것 같아요. 사람

들이 제 말을 듣고 비웃거나 이상하다고 여기는 게 싫거든요. 이제는

왠지 거창한 말도 쓰고 싶지 않아요. 참 슬픈 일이에요, 그렇지 않나

요? 이제야 그런 말들이 어울릴 만큼 컸는데 말이에요. 어떤 의미

로는 성장한다는 게 즐겁기도 하지만, 제가 기대했던 즐거움은 아니

네요, 마릴라 아주머니. 배워야 할 것과 해야 할 일, 생각할 것들

이 많아서 거창한 말을 할 여유가 없어요. 스테이시 선생님은 늘 짧은 말이 훨씬 강하고 낫다고 하셨어요. 에세이는 가능한 한 간단하게 쓰라고 가르치셨답니다. 처음에는 적응하기 힘들었어요. 저는 걸핏하면 장황하고 거창한 말을 쓰고 싶어 했으니까요. 그런 말들은 수없이 생각나거든요. 하지만 간소한 말에 익숙해지니 그게 더 낫다는 걸 알게 되었어요.

앤은 평온한 마음으로 창가에 기대 앉았다. 박하 향이 실린 청량하고

부드러운 바람이 벚나무 가지를 스쳐 앤에게 닿았다. 골짜기의 뾰족

한 전나무 숲 너머로 별이 반짝였고 다이애나의 불은 낡은 틈 사이로

희미하게 번졌다. 퀸스에서 돌아와 창가에 앉은 밤 이래로 앤의 시야는

좁아졌다. 그러나 앤은 앞에 놓인 길이 좁은 오솔길이더라도 거기에는

잔잔한 행복의 꽃이 피리라는 걸 깨달았다. 참된 일을 행하는 즐거움과

벅찬 포부, 그리고 진정한 우정이 늘 함께 할 것이기 때문이다. 그 무엇도

앤의 타고난 상상력과 꿈속의 이상 세계를 빼앗을 수 없다.

〈어린 왕자〉 - 생텍쥐페리

〈어린 왕자〉 - 생텍쥐페리

네가 오후 4시에 온다면 나는 3시부터 행복해지기 시작할 거야. 시간

네가 오후 4시에 온다면 나는 3시부터 행복해지기 시작할 거야. 시간

이 지날수록 더 행복해지겠지. 4시가 되면 나는 벅차서 안절부절못하

이 지날수록 더 행복해지겠지. 4시가 되면 나는 벅차서 안절부절못하

게 될 거야. 그리고 행복의 대가가 무엇인지 알게 되겠지. 하지만 네가

게 될 거야. 그리고 행복의 대가가 무엇인지 알게 되겠지. 하지만 네가

아무 때나 불쑥 온다면 몇 시에 마음을 준비해야 할 지 알 수 없겠

아무 때나 불쑥 온다면 몇 시에 마음을 준비해야 할 지 알 수 없겠

지……. 의례가 필요해. 의례는 어떤 날을 다른 날과 다르게, 어떤 시

지……. 의례가 필요해. 의례는 어떤 날을 다른 날과 다르게, 어떤 시

간을 다른 시간과 다르게 만드는 거란다. 예를 들자면 사냥꾼에게도

간을 다른 시간과 다르게 만드는 거란다. 예를 들자면 사냥꾼에게도

의례가 있어. 목요일이면 마을 처녀들과 춤을 추거든. 그래서 목요일은

기쁜 날이지! 나는 포도밭까지 산책을 나가. 만약 사냥꾼이 아무 때나

춤을 춘다면 모든 날이 다 같을 거고, 내게는 휴일이 없을 거야.

밤하늘을 바라볼 때 내가 그 별들 중 어느 별엔가 살고, 어느 별에선

가 웃고 있을 거야. 그럼 아저씨에게는 모든 별이 웃고 있는 것처럼 보

이겠지. 아저씨는 웃을 줄 아는 별들을 가지게 되는 거야.

<이상한 나라의 앨리스> - 루이스 캐럴

내 모험은 말하자면 오늘 아침부터였다고 할 수 있어요. 어제 이야

기는 아무런 의미가 없지요. 지금의 전 어제의 제가 아니거든요.

내가 어느 길로 가야 하는지 말해줄래? 그건 네가 어디로 가고 싶은

지에 달렸지. 어디든 괜찮은데……. 그렇다면 어느 쪽으로 가든 상관

없잖아. 어딘가에 도착할 수만 있다면……. 아, 틀림없이 넌 어딘

가에 도착하게 될 거야. 걸을 만큼 걷다 보면 말이야.

집에 있었다면 훨씬 더 편했을 텐데. 계속 커졌다 작아지고 쥐나

토끼에게 명령이나 받고 있다니, 토끼 굴로 떨어지는 게 아니었어……

그렇지만 이렇게 사는 게 더 재미있잖아! 앞으로 어떤 일이 벌어

질지 정말 궁금해! 책 속에서 일어나는 일은 절대 현실에서는 일어

나지 않을거라 생각했는데 지금 내가 그 이야기 속에 있다니! 내 이

야기가 나온 책이 있어야 해, 꼭! 좋아, 내가 커서 한 권 써야

겠어. 하지만 난 이미 다 커버렸는걸.

<키다리 아저씨> - 진 웹스터

정말 중요한 건 커다란 즐거움보다 작은 것에서 즐거움을 찾아내려

는 마음이 아닐까요. 이제야 행복해지는 진짜 비밀을 알아냈어

요. 바로 지금 이 순간을 사는 거예요. 지난 일들을 후회하거나 미래

만 고대하며 사는 게 아니라 지금 이 순간의 행복을 만끽하는 거죠.

스티븐슨이 말했지요. 세상은 수많은 것들로 가득 차 있으니 우리는 모두

왕처럼 행복해야 한다고요. 딱 맞는 말이에요. 세상은 행복으로 가득

하고 가볼 곳도 많아요. 우린 그저 찾아온 기회를 붙잡기만 하면 돼

요. 비결은 바로 유연함이랍니다. 시골에는 특히나 즐길 것들이 참 많

지요. 어디든 걸을 수 있고 어느 풍경이든 감상할 수 있고 어느 개울

에서든 물장난을 칠 수 있거든요.

<오즈의 마법사> - 라이먼 프랭크 바움

네게는 뇌가 필요없어. 넌 매일 무언가를 배우잖아. 아기에게도 뇌가

있지만 아무것도 모르지. 지식은 경험을 통해서만 쌓을 수 있는 거야. 경

험을 많이 하면 할수록 점점 더 지혜로워질 거란다. 네게 필요한 건

자신감이야. 위험에 처했을 때 두려움을 느끼지 않는 생물은 없어. 진정

한 용기는 두려움을 무릅쓰고 위험에 맞서는 것이지. 너는 이미 그런 용

기를 충분히 지니고 있단다.

〈은세계〉 - 이인직

겨울 추위 저녁 기운에 푸른 하늘이 새로이 취색하듯이 더욱 푸르렀

는데, 해가 뚝 떨어지며 북새풍이 슬슬 불더니 먼 산 뒤에서 검은

구름 한 장이 올라온다. 구름 뒤에 구름이 일어나고, 구름 옆에 구

름이 일어나고, 구름 밑에서 구름이 치받쳐 올라오더니, 삽시간에

그 구름이 하늘을 뒤덮어서 푸른 하늘은 볼 수 없고 시커먼 구름

천지라.

캘리향의
스피드업
글씨 교정

Chapter 4

감성을 담은 글씨
캘리그라피 연습

- 손글씨에 나만의 감성을 입히다
- 캘리그라피를 위한 다양한 필기구
- 귀여운 글씨
- 시크한 글씨
- 서정적인 글씨
- 소박한 글씨

Step 1
손글씨에 나만의 감성을 입히다

글씨는 종종 쓰는 사람의 감정을 은밀하게 노출합니다. 고마운 마음을 담아 정성껏 쓴 글씨와 화가 나서 갈겨 쓴 글씨가 다르다는 건 누구든 경험을 통해 체득했을 거예요. 손글씨 특유의 맛이 살아나는 건 바로 이런 부분이지요.

앞에서 배운 정자체와 흘림체는 모두 실생활에서 일반적으로 쓰이는 형태입니다. 반듯하고 균형적이라 아름답지만 나만의 감성이 들어간 개성적인 글씨체는 아니지요. 이번 장에서는 글씨에 마음과 감정을 담아 느낌 있게 쓰는 법, 즉 캘리그라피를 익혀 보도록 하겠습니다.

캘리그라피에서 가장 중요한 건 글의 내용과 손글씨 특유의 느낌이 잘 어우러져야 한다는 것입니다. 똑같은 내용이라도 글씨의 느낌에 따라 전혀 다른 감정을 전달할 수 있거든요.

같은 내용을 썼지만 왼쪽은 친구들끼리 편지에 농담처럼 쓴 느낌이라면 오른쪽은 어딘지 비장한 폭력단의 이미지가 떠오르지 않나요? 흔히들 말하는 "나 지금 궁서체다. 진지하다고."가 바로 이런 겁니다. 글씨의 내용보다 먼저 눈에 들어오는 것이 바로 글씨의 형태이며, 이 형태에 따라 사람들은 사뭇 다른 느낌을 받지요.

이번 장에서는 밝고 따뜻하고 귀여운 느낌의 서체, 서정적이고 여운 있는 서체, 시크하고 세련된 서체 등, 느낌이 각기 다른 글씨를 연습해 보겠습니다. 처음에는 그대로 따라 써 보세요. 그런 다음 어느 정도 감을 잡았다면 그 느낌을 그대로 살려 획을 길게 빼보거나 짧게 끊고 리듬감을 주는 식으로 본인만의 개성을 집어넣어 보세요. 꽉 채우는 것도 좋지만 여백을 충분히 살리는 것도 멋지답니다.

Step 2

캘리그라피를 위한 다양한 필기구

앞에서는 연필과 펜을 주로 사용했지만, 이미지와 감성이 중요한 캘리그라피에서는 글씨의 느낌을 잘 살리는 여러 가지 필기구를 선택해서 쓸 수 있습니다. 부드러운 감성을 표현하고 싶다면 번지는 느낌 붓펜이나 매직을, 귀여운 느낌을 표현하고 싶다면 색연필, 크레파스를, 시크하게 보이고 싶다면 가는 볼펜이나 펜촉, 드로잉펜이 좋아요. 형광펜이나 마카는 화사하게 꾸미기 좋은 도구입니다. 여러 가지 필기구에 도전하며 도구에 따라 달라지는 느낌도 확인해 보세요.

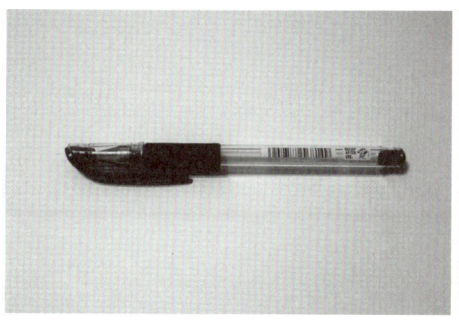

잉크펜
일반적으로 흔히 쓰이는 펜으로 두께에 따라 조금씩 다른 느낌을 표현 할 수 있습니다. 종이 위에 미끄러지듯 써지는 잉크의 느낌이 부드럽게 느껴집니다.

플러스펜
날카롭고 매끈하면서도 부드럽게 써집니다. 살짝 번지는 맛이 있으며, 힘의 가감에 따라 선의 굵기가 조금 달라지기도 합니다.

붓펜
부드러운 선의 움직임이나 필압을 담아낼 수 있어 다양한 굵기로 글씨를 표현하기 적합합니다. 캘리그라퍼가 일상적으로 사용하는 필기구입니다.

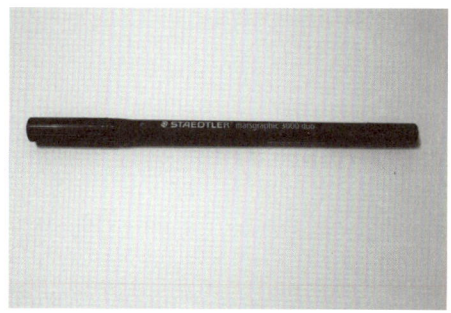

스테들러3000듀오
붓 모양의 스펀지 형태로 만들어져 통통하게 선이 그어집니다. 다양한 굵기를 표현할 수 있어 캘리그라피에 적합합니다.

귀여운 글씨

잉크펜으로 썼어요.
친구들에게 쪽지를 남길 때 좋아요.

그대로 충분한 당신

그대로 충분한 당신

그대로 충분한 당신

연애의 끝, 자유의 시작

연애의 끝, 자유의 시작

연애의 끝, 자유의 시작

쓰담쓰담, 아프지 말아요

쓰담쓰담, 아프지 말아요

쓰담쓰담, 아프지 말아요

으쌰으쌰, 오늘도 힘내요

으쌰으쌰, 오늘도 힘내요

으쌰으쌰, 오늘도 힘내요

따뜻한 당신은 나의 봄날

따뜻한 당신은 나의 봄날

따뜻한 당신은 나의 봄날

시크한 글씨

붓펜으로 썼어요.
어른스러운 감성을 표현해 보세요.

사랑이 끝났다 추억이 늘었다

사랑이 끝났다 추억이 늘었다

돌아보면 늘 곁에 있던 너에게

돌아보면 늘 곁에 있던 너에게

캘리향의
글씨 교정

계절은 반드시 봄으로 돌아오니까

계절은 반드시 봄으로 돌아오니까

당신이 있어 괜찮은 날들

당신이 있어 괜찮은 날들

캘리항의
글씨 교정

두근거림에 적령기는 없어요

두근거림에 적령기는 없어요

사랑은 사소한 것까지 기억하는 일

사랑은 사소한 것까지 기억하는 일

서정적인 글씨

플러스펜으로 썼어요.
간소한 느낌이 멋스러워요.

이직도, 사랑도, 버스도 타이밍이 중요해

이직도, 사랑도, 버스도 타이밍이 중요해

두근두근, 들키기 싫지만 들키고 싶은 마음

두근두근, 들키기 싫지만 들키고 싶은 마음

캘리항의
글씨 교정

고마워, 말하긴 쑥스러워 글로 전해요

고마워, 말하긴 쑥스러워 글로 전해요

가끔 네가 생각나는 밤이면

가끔 네가 생각나는 밤이면

캘리향의
글씨 교정

오늘은, 내일의 추억입니다

오늘은, 내일의 추억입니다

이토록 찬란한 하루하루를

이토록 찬란한 하루하루를

소박한 글씨

스테들러3000듀오펜으로 썼어요.
살짝 투박해서 더 따뜻하게 느껴져요.

내 눈엔 늘 예쁘기만 해요

내 눈엔 늘 예쁘기만 해요

내 눈엔 늘 예쁘기만 해요

캘리향의
글씨 교정

네가 좋아하는 건 모두 좋아지는 병

네가 좋아하는 건 모두 좋아지는 병

네가 좋아하는 건 모두 좋아지는 병

캘리향의
글씨교정

눈이 마주친 순간의 영원

눈이 마주친 순간의 영원

눈이 마주친 순간의 영원

캘리향의
글씨 교정

운다고 될 일은 아니지만

운다고 될 일은 아니지만

운다고 될 일은 아니지만

그 사람의 사진이 갖고 싶어서
모두의 사진을 찍었다

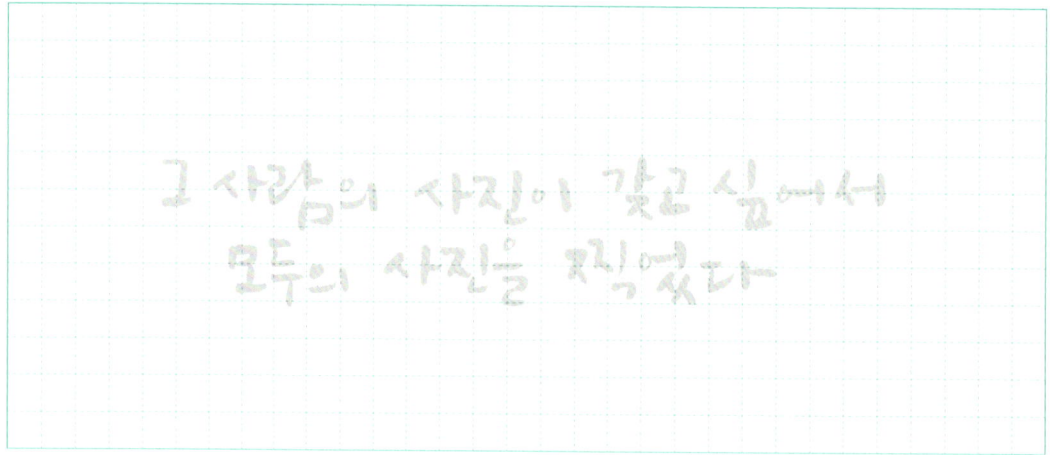

당신이 없는 곳에서도
나는 잘 살고 있습니다

당신이 없는 곳에서도
나는 잘 살고 있습니다

초판 1쇄 발행 2017년 10월 10일
초판 5쇄 발행 2023년 2월 1일

지은이 설은향(캘리향)
펴낸이 김영조
콘텐츠기획팀 정은아, 김희현
디자인팀 정지연
마케팅팀 김민수, 구예원
제작팀 김경묵
경영지원팀 정은진
외부스태프 디자인 BIGWAVE(designbigwave.blog.me)
펴낸곳 싸이프레스
주소 서울시 마포구 양화로7길 44, 3층
전화 02-335-0385/0399
팩스 02-335-0397
이메일 cypressbook1@naver.com
홈페이지 www.cypressbook.co.kr
포스트 post.naver.com/cypressbook1
블로그 blog.naver.com/cypressbook1
인스타그램 싸이프레스 @cypress_book
　　　　　　싸이클 @cycle_book
출판등록 2009년 11월 3일 제2010-000105호

ISBN 979-11-6032-029-9　13640

·이 책은 저작권법에 따라 보호를 받는 저작물이므로 무단 전재 및 무단 복제를 금합니다.
·책값은 뒤표지에 있습니다.
·파본은 구입하신 곳에서 교환해드립니다.
·싸이프레스는 여러분의 소중한 원고를 기다립니다.

이 도서의 국립중앙도서관 출판예정도서목록(CIP)은 서지정보유통지원시스템 홈페이지(http://seoji.nl.go.kr)와 국가자료공동목록시스템(http://www.nl.go.kr/kolisnet)에서 이용하실 수 있습니다. (CIP 제어번호:2017022452)